Min ALFons-bok

ÄGARENS NAMN

Berättelserna i Alfons Åbergs värld:

1972 God natt, Alfons Åberg
1973 Aja baja, Alfons Åberg
1975 Raska på, Alfons Åberg
1976 Alfons och hemlige Mållgan
1976 Vem räddar Alfons Åberg?
1977 Listigt, Alfons Åberg!
1978 Alfons och odjuret
1981 Är du feg, Alfons Åberg?
1982 Var är bus-Alfons?
1983 Vem spökar, Alfons Åberg?
1984 Lycklige Alfons Åberg
1985 Alfons och Milla
1986 Kalas, Alfons Åberg!
1987 Hokus pokus, Alfons Åberg! (kapitelbok)
1988 Bara knyt, Alfons!
1989 Vad sa pappa Åberg?
1991 "Där går Tjuv-Alfons!"
1992 Mera monster, Alfons!
1993 Hurra för pappa Åberg!
1994 Näpp! sa Alfons Åberg
1997 Flyg! sa Alfons Åberg
1998 Osynligt med Alfons
2002 Hur långt når Alfons?
2002 Alfons ABC
2006 Alfons och soldatpappan
2010 Alfons med styrke-säcken
2011 Milla och Mållgan mitt i natten
2012 Hokus pokus, Alfons Åberg! (reviderad nyutgåva)
2012 Skratta lagom! sa pappa Åberg

Pekböcker:

1990 Alfons egna saker
1990 Alfons tycker om
1992 Alla möjliga Alfons
1992 Mera miner med Alfons

För stora barn:

1994 Lösgodis – Fickan full
1994 Lösgodis – En påse till

Visor:

1992 Trall-fonsar. Visor med Alfons Åberg av Gunilla Bergström. Tonsatta av Georg Riedel och Astrid Kocko-Lorentzon.

Samlingsvolymer:

2007 Mera fest med Alfons!
2013 Alfons Åberg – De tre första berättelserna
2016 Alfons Åberg – Kompisboken
2017 Stor-Alfons – Tre utvalda berättelser
2017 Mera bus med Alfons Åberg!
2018 Alfons hemliga världar
2022 Stora boken om Alfons

Andra titlar av författaren:

1971 Mias pappa flyttar (reviderad nyutgåva 2017)
1973 Tjuven (Bonniers)
1978 Ramsor & Tramsor om Bill och Bolla
1979 Tokigt & Klokigt, mera rim om Bill och Bolla
1992 Ingen sak, sa Milla
1993 Milla Mitt-i-godiskriget
2007 Stora boken om Bill & Bolla (samlingsvolym)

Alfons egen hemsida: alfons.se

Utgiven av Rabén & Sjögren, Stockholm 2014
Fjärde upplagan, fjortonde tryckningen
Tryckt hos Livonia Print Ltd, Lettland 2022
ISBN 978-91-29-69045-3

Rabén & Sjögren ingår i
Norstedts Förlagsgrupp AB, grundad 1823

MIX
Papper | Bidrar till ansvarsfullt skogsbruk
FSC® C002795

Kalas, Alfons Åberg!

Gunilla Bergström

text & bilder

rabén&sjögren

Här är Alfons Åberg, 6 år.
Han är glad. För i går fyllde han år!
Och på lördag blir det kalas.
Han ska ha eget kalas. PÅ RIKTIGT!

Nu kommer faster Fiffi. Hon stannar ett slag
för att ordna med kalaset. Hon har inga barn,
utan är alltid extrasnäll mot Alfons.

”O! Det ska bli så roligt!
Det ska bli ett riktigt fint och roligt barnkalas”,
kluckar hon. ”Vilka ska vi bjuda?”
”Det ska vara Viktor och Milla och jag, så klart!”
Faster Fiffi skrattar:
”Nämen, ni leker ju *alltid* ihop. Nu ska vi ha
ett RIKTIGT kalas. Med *många* barn.
Du får bjuda vilka som helst.”

”Men helst vill jag bjuda Viktor och Milla!”
säger Alfons igen.
”Nä, nä”, skrattar faster. ”Då blir det inte kalas.
Det ska vara många, förstår du.
Ett riktigt härligt JÄTTEKALAS.
Du kan bjuda hela lekskolan!”

Då kommer pappa.
”Nä! Stopp! Så många får inte plats.
Högst åtta–tio stycken”, säger han.
Faster och pappa bestämmer att det räcker
med barnen som bor här på gatan.
Det blir tio med Alfons.

Genast tar faster förklädet och kör igång.
”O, så roligt! O, så mycket att *göra*”,
kluckar hon och …

… skriver listor på allt som ska köpas
och bakas och ordnas och lekas.
”Behövs inte”, säger Alfons. ”Vi leker ändå.”
”Jo, men på kalas ska det vara *särskilda* lekar
och tävlingar!” tycker faster.

Och så rusar hon och städar …

… och kånkar hem varor …

… och bakar tårtor (flera stycken!).
Alfons hjälper till, och smakar på smeten.
Men mest bara väntar och längtar han.
Och väntar – och längtar.

Äntligen kommer lördagen.
Allt är klart.
Tårtorna är färdiga.
De har dukat kalasigt.
Och Alfons gör sig fin.
Han har den nya tröjan
och SKJORTA och SLIPS.

Å, kalas!
Det är spännande.
Fast alla är tysta och blyga först.
För allting känns annorlunda. Och man har finkläder!
Så de vanliga kompisarna ser inte ut som vanligt …
Nu har barnen just fått ballong och rolig hatt.
Vad blir det sen?

De tänker på *lekarna*. Och *tårtan*.
Och kanske får man GODISPÅSE?
(Ja kanske, nog alldeles s-ä-k-e-r-t får man en påse – senare?)
Å, kalas är spännande!

Fast allra mest spännande för Alfons.
För han får paket av gästerna!
Det är pennor och byggmodell,
och småbilar och badskum och blombukett …

”Varsågoda! Till bords!” ropar faster Fiffi.
”Dags för saft och tårta!”

Det finns namnkort vid tallrikarna, så alla hittar sin plats.
Men Lotta går till faster och klagar:
"Jag vill inte sitta vid Martin. Han nyps.
Får jag sitta vid Anna?"
Då byter faster bara korten.

Snart pekar Anna på Viktor:
"Han tar tårta en gång *till*!
Det får man väl inte?"
Och flera barn slutar vara blyga.
"Titta, Ubbe fick *större* bit!"
"Hon tog rosen!"

"Lugn, barn!" säger faster Fiffi. "Det finns tårta så det räcker flera gånger om."
Det är goda tårtor. Alla mumsar så mycket de orkar.
"Nu börjar lekarna!" ropar faster. "Dags för grisknorr!"

Man binder för ögonen och får varsin penna.
Det gäller att rita knorr på grisen – på rätta stället –
fast man inget kan se!

Martins knorr kommer närmast.
Sara viskar till Milla:
”Jag tror han kikade. Vad tror du?”
”Inget kiv!” kluckar faster Fiffi.
”I dag ska vi vara glada och hålla sams.
Och nu alla barn – dags för fiskdamm!”

I tur och ordning får man meta. Bakom skynket står faster och krokar fast påsar till var och en. Det är godispåsar! Med äpple och banan och karameller och röd klubba. Fast Martin tycker det verkar som om Ubbe har något *grönt* i sin påse?

”Det är PRECIS lika mycket i alla påsar!” säger faster då.
”Men han fick ju grön klubba!” morrar Martin.
”Jamen du fick ju röd!” svarar faster vänligt.
”Det är väl inte detsamma …”, mumlar Martin.
”Men det är *lika mycket*, det lovar jag. Kivas nu inte.
Här ska vi ha roligt, förstår ni. Och leka! Och tävla!”
Tävla?!

Först är det ”gissa bönor”.
Hur många finns i burken?

Så blir det frågesport.
Efteråt tjurar Sara. Hon ville hellre vara i andra laget – det som vann.
”Upp med hakan, kära barn! Du kanske vinner nästa lek!” tröstar faster, och startar …

… ”leka gömme”.
Alla rusar, och räknar,
och får läsk, och glass …
… och flickorna låser in sig på toaletten …
… och vill inte vara med …

… och det blir en enda röra. Se bara!

Alfons tycker nästan det är BRA när kalaset
har gått över klockan sex
– och barnen ska hem …

Faster städar och bär bort alla tårtor som blev över.

Nästa dag undrar hon:
"Var det roligt? Är du nöjd med kalaset i går?"

”Tack, snälla faster! Tårtorna var jättegoda!
Bra att du gjorde så många.
För nu räcker det till …

… mitt alldeles *egna* kalas!”
Ja, titta!
I dag kalasar Alfons på sitt eget sätt – med bara Viktor, och Milla, och smådjuren …

Tack för tårtorna, faster Fiffi!

Foto: Jörn H Moen

Gunilla Bergström, 1942–2021, både skrev och illustrerade sina berättelser. Hon arbetade också med rim, vistexter och barnteater.

Alfons Åberg är i dag en klassiker i barnlitteraturen. Sedan första boken 1972 har det kommit drygt 25 berättelser om Alfons och hans värld. Ofta är de psykologiska minidramer där barnen tas på allvar. Humor och fantasteri, mitt i vardagen, är typiska inslag.

Alfons Åberg finns översatt till ett fyrtiotal språk och trycks ständigt i nya upplagor. Bara för Sverige har hittills drygt 5 miljoner Alfonsböcker tryckts.

Utmärkelser i urval:
Elsa Beskow-plaketten, 1979
Astrid Lindgren-priset, 1981
Grammis för årets barnskiva, med Georg Riedel, 1988
Stockholms stads hederspris, 1993
Årets barnbok, 1998
Svenska Akademiens Schullströmska priset
för barn- och ungdomslitteratur, 2006
Emilpriset till Astrid Lindgrens minne, 2011
Astrid Lindgrens Värld-stipendiet, 2012
Svenska regeringens guldmedalj, 2012
Stora Ljudbokspriset, 2015
Kungliga Sällskapet Pro Patrias guldmedalj, 2018
Kungliga medaljen Litteris et Artibus, 2019
Glada Hudik-teaterns Supporterklubbs pris, Hederskramen till Bosse Östlins minne, 2020